mare

# NEW YORK PAOLO PELLEGRIN . STEFAN PIELOW

Herausgegeben von Nikolaus Gelpke. Texte von Karl Spurzem

PAOLO PELLEGRIN

STEFAN PIELOW

DELICATESSEN
55 st. DELI

# VORWORT

Keine andere Metropole schuldet ihre Bedeutung so sehr dem Meer wie New York. In der Mündung des Hudson gelegen, dem Fluss, der im Westen die Grenze bildet, schützen die Schatten von Long Island und Staten Island sicher vor den Unbilden des Atlantiks. Die Insel Manhattan, das Zentrum der Welt, ist umgeben von tiefen, dementsprechend gut befahrbaren Gewässern. Dieser perfekte Naturhafen lockte schon kurz nach seiner Entdeckung die Schiffe niederländischer Kaufleute an. Der feste Untergrund Manhattans, die sichere Insel, bot zudem hervorragenden Siedlungsraum – ideale Voraussetzungen für eine in der Welt einmalige Einwanderungsgeschichte. Allein in der ersten Hälfte des letzten Jahrhunderts reisten mehr als zwölf Millionen Menschen über diesen Hafen nach Amerika. Mehr als vier Millionen blieben in New York.

So ist es nicht verwunderlich, dass wir uns im vorliegenden **mare**-Bildband nicht nur der Seeseite New Yorks, sondern auch New Yorkern, die in besonderer Weise mit dem Meer verbunden sind, widmen. Denn die Menschen mit ihren unzähligen Geschichten sind das Gesicht dieser Stadt. Stefan Pielow, ein Meister des inszenierten Porträts, versteht es wie kaum ein Zweiter, sich den Menschen fotografisch so zu nähern. Allein seine Bilder erzählen Geschichten, machen neugierig, mehr zu erfahren. Dreimal reiste Stefan Pielow für das Buch nach New York, suchte und fand Protagonisten, die ihm, stellvertretend für die 18 Millionen Einwohner, Porträt saßen, ihm ihre Geschichten mit dem Meer erzählten.

Paolo Pellegrin schuf nicht nur kongeniale Eindrücke zu Pielows Bildern. Er ist in der Lage, Empfindungen zu erzeugen, die jenseits des Gesehenen liegen. Bei der meistabgebildeten Stadt der Welt ist dies eine unbedingte Voraussetzung. Pellegrin zeigt New York, wie man diese Metropole wahrnimmt: irisierend, flimmernd, verstörend, schnell, laut und geheimnisvoll. Der weltberühmte Fotograf der Agentur Magnum bildete in vielen Wochen ein Kaleidoskop an Brücken, Flüssen und Straßenschluchten ab, das so kaum je zu sehen war.

*Nikolaus Gelpke*

YONKERS
Long Island Sound
NEW JERSEY
BRONX
Hudson
Central Park
MANHATTAN
HOBOKEN
NEW YORK
East River
QUEENS
NEWARK
JERSEY CITY
Long Island
Ellis I.
Newark Bay
Liberty I.
Governors I.
Upper Bay
BROOKLYN
The Narrows
STATEN ISLAND
Jamaica Bay
Lower Bay
Coney Island
Long Beach
Atlantischer Ozean

# MEERTROPOLIS

Denken wir an New York, denken wir an die Stadt der Städte, die Metastadt, an Wolkenkratzer, an unzählige Menschen, die Vielfalt ihrer Hautfarben und Physiognomien, an die Polyvalenz der Kulturen, Ideen, Anschauungen, an Geschäftigkeit, Unruhe, Lärm und Enge, wir denken an epochale Ereignisse, an Sternstunden und apokalyptische Stunden. New York ist für uns der Inbegriff von Stadt und der damit verbundenen Urbanität, von Haltungen und Lebensstilen und Geist und Witz, die nur eine Stadt, und nur eine Stadt von dem Rang New Yorks, hervorbringen kann. Wir haben ihre Bilder vor unserem inneren Auge, spüren das Vibrieren der Energie in dieser hoch verdichteten Ansammlung von Menschen, und wir hören das beständige Rauschen, das sie verursachen, wie ein kollektiver Tinnitus, der nie abreißt und von den Menschen nicht als beunruhigend, sondern im Gegenteil wie eine Bestätigung ihrer Existenz empfunden wird. Diese Empfindungen scheinen alle Menschen zu kennen, selbst jene, die nie in New York waren. Sie sind Teil des allgemeinen Weltgedächtnisses.

»Manahatta«, »Land der vielen Berge«. New Yorks Stadtlandschaft scheint das Produkt der überhitzten Fantasie eines Bühnenbildners zu sein. Wie in einem Bergland, in dem die Gleichwertigkeit von Waagerechte und Senkrechte das Leben bestimmt, bewegen sich die Menschen hin und her in tiefen Tälern, sie rauschen alltäglich in von Seilen gezogenen Kabinen hinauf in die porösen Felsen, und sporadisch öffnen sich Klüfte zu Lichtungen, die freie Blicke auf den Karst gewähren.

Mit Ausnahme von wenigen Stunden in der Nacht wälzt sich, pulsierend und leuchtend wie ein außerirdischer Organismus, ohne Anfang und Ende, ein Strom von Fahrzeugen über die Talsohlen, verschwindet gelegentlich in einem gewaltigen Schlund und kriecht aus einem anderen wieder hervor. In einem Zustand scheinbar vollkommener Unordnung bewegt sich entlang des Lindwurms ein Gewirr von Menschen, ausgespien und verschlungen von Türmen und engen Klammen, die in den Untergrund führen.

Ja, New York ist eine Landstadt.

Hoch oben, auf den Aussichtsplateaus der Türme, geht plötzlich der Blick überwältigend weit, und in der Andacht überkommt einen der Gedanke, dass man nicht in der hermetischen terrestrischen Kosmopolis steckt, in der man sich eben noch tief unten, in den Tälern, wähnte. Die Augen schauen über das Stadtgebirge hinaus, über breite Ströme und eine majestätische Bucht, bis man, nach längerem Blinzeln, am Horizont das glitzernde Band des Meeres sieht, des Atlantischen Ozeans. Nun erst, merkwürdig spät, wird bewusst, dass man das Wasser, das diese Stadt umgibt, bis dahin übersehen hat. Und mehr noch, dass New York eigentlich ein Inselreich ist, ein Archipel. Dann sagt man sich, ein bisschen überrascht von der Erkenntnis: New York ist eine Meeresstadt.

»Drei Möwen kreisen über zerbrochenen Kisten, Orangenschalen, fauligen Kohlstrünken, die zwischen den zersplitterten Plankenwänden auf und nieder schaukeln, grüne Wellen schäumen unter dem runden Bug, wenn das Fährboot, gleitend auf dem Flutstrom, schnalzend, glucksend die zerspellten Wasser schneidet, schleifend, schlappend langsam auf die Helling auffährt. Handwinden wirbeln herum mit hellem Kettengeklirr. Gittertore öffnen sich, Füße trappeln über den Spalt, Menschenscharen wälzen sich durch den mistverpesteten hölzernen Tunnel des Fährhauses, zusammengequetscht und kollernd und stoßend wie Äpfel, die man in die Rutsche einer Obstpresse schüttet.«

»Fährboot landet«, mit diesem Kapitel lässt John Dos Passos in seinem Weltroman »Manhattan Transfer« von 1925 einen Helden in Manhattan ankommen.

Damals galt New York vor allem als Meeresstadt. Sie war seit Jahrhunderten in aller Welt berühmt für ihren Hafen, nicht leicht zu befahren, aber alles in allem ein guter Hafen. Seit den Tagen der Entdecker Verazzano und Hudson hatten die Seeleute, von den Weiten des Atlantiks her kommend, zuerst die Nebelbänke der Lower New York Bay durchquert und waren dann langsam, tastend, durch die Meerenge der Narrows gefahren, dort wo seit den 1960er Jahren eine gewaltige Brücke die schmale Einfahrt in das Hauptbecken der Upper New York Bay markiert. Gefürchtet waren die gewaltigen Sturmfluten, die in den beinahe rechtwinklig geformten Trichter der Lower Bay auflaufen. Der Hudson Canyon, eine unterseeische Schlucht, die von der Mündung des Flusses Hunderte Kilometer weit in den Atlantik führt und sich auf vier Kilometer Tiefe senkt, ist Friedhof für eine Unzahl von Schiffen. In der sicheren Bucht angekommen, passierten die Seefahrer Ellis Island und Liberty Island, die bekanntesten Inseln auf dem Weg zu den Ankerplätzen von Manhattan.

Zum ersten Mal befahren hatte diesen Weg der toskanische Seefahrer Giovanni di Verazzano, der 1524 in der Annahme, jenseits der Narrows eine Passage in den Pazifik zu finden, vor Manhattan ankerte. Als er sah, dass die Hoffnung ihn getrogen hatte, interessierte er sich nicht weiter für seine Entdeckung und unternahm Reisen nach Brasilien und in die Karibik, wo er auf Guadeloupe, unter den Augen seiner Besatzung, verspeist wurde.

Einen vorsichtigeren Umgang mit den Ureinwohnern wählte Henry Hudson, der 75 Jahre nach Verazzano als Zweiter in die New Yorker Bucht einfuhr. 1609 erkundete er die Insel Manhattan und segelte den später nach ihm benannten Fluss 240 Kilometer stromaufwärts bis in die Nähe der heutigen Stadt Albany. Aber auch Hudson beschied das Schicksal ein Ende ohne Ehren. Zwei Jahre nach seiner triumphalen Fahrt durch die New Yorker Bucht setzte ihn seine Mannschaft bei einer Meuterei samt seinem Sohn und einer Handvoll Getreuer in einem Beiboot aus. Sie starben im eisigen Norden der kanadischen Hudson Bay; auch sie trägt seinen Namen.

New York als Hafenstadt war in den ersten Jahrzehnten nach Hudsons Entdeckungsfahrt geprägt von niederländischen Kauffahrern. Sie hatten in Hudsons Gefolge einen lukrativen Fellhandel mit den Indianern aufgezogen und sich das Geschäft mit einem Monopol der holländischen Regierung sichern lassen. 1624 ließen sich 30 niederländische Familien auf der Südspitze Manhattans nieder, das einer der Siedler, Peter Minuit, den einheimischen Delaware-Indianern für die Kleinigkeit von 60 Gulden abkaufte.

Mit den guten Geschäften kamen Korruption und Kriminalität nach Neu-Amsterdam, wie die Siedler die Insel nannten, und schließlich entsandte 1647 die neu gegründete Niederländische Westindien-Kompanie Peter Stuyvesant, der zuvor schon Curaçao für die Niederlande unterworfen hatte, als Gouverneur nach Neu-Amsterdam. Er ließ als Erstes ein Gefängnis, dann ein Krankenhaus und eine Schule errichten, schließlich einen Wall zum Schutz quer über die Spitze Manhattans aufschütten, in deren Verlauf heute das finanzielle Weltzentrum Wall Street liegt.

Es war während eines von mehreren englisch-holländischen Seekriegen, in dem sich die wohlgenährten Kaufleute Neu-Amsterdams dem Befehlshaber der britischen Royal Navy, James Herzog von York, ergaben. Ihm zu Ehren wurde die Stadt, die nun schon der bedeutendste amerikanische Hafen der Europäer mit mehreren tausend Einwohnern war, 1664 in New York umbenannt. Die Niederländer gaben ihre Ansprüche auf und ließen sich dafür von England mit Surinam entschädigen.

Von nun gaben die Angelsachsen die Stadt nicht mehr aus der Hand. Mit dem wirtschaftlichen Erfolg der Kolonien Neuenglands waren auch die Spannungen zwischen dem britischen Mutterland und den neuen Besitzungen gewachsen. Eifersüchtig wachte London darüber, dass die Siedler keine Industrien errichteten. So sollten sie gezwungen bleiben, ihre Waren teuer aus Britannien zu beziehen; außerdem sollten die Siedler keinesfalls eine eigene Währung haben. Als schließlich die Krone die hohen Kosten ihres Siebenjährigen Krieges durch immer neue Steuern der Kolonisten auszugleichen versuchte, forderten die Siedler Eigenständigkeit, die London rundweg ablehnte und stattdessen mit der Entsendung von Truppen nach Amerika beantwortete.

George Washington, Sohn eines Plantagenbesitzers aus Virginia und Befehlshaber der Aufständischen, steckte 1776 im folgenden Unabhängigkeitskrieg ausgerechnet in New York eine Niederlage gegen die Briten ein. Nachdem die Briten Boston aufgeben mussten, ließ Admiral Lord Howe mit seiner Flotte 20 000 Mann auf Staten Island anlanden, während Washington sich am heutigen Battery Park auf Manhattan und den neu errichteten Forts am Brooklyner Ufer des East River eingrub. In der folgenden »Schlacht von Long Island« unterlagen die Amerikaner, und Washington überließ den Briten die Kontrolle über New York.

Erst nach dem Ende des Unabhängigkeitskriegs 1783 wurde New York vollständig amerikanisch. Washington machte sie 1788 für zwei Jahre zur Hauptstadt der neuen Vereinigten Staaten von Amerika und ließ sich im Jahr darauf in der Federal Hall in der Wall Street, einen Steinwurf entfernt von der Südspitze Manhattans, auch zum ersten Präsidenten der jungen Nation wählen.

New Yorks Geografie, die Relation seiner wesentlichen Teile, die allesamt Inseln sind, Manhattan, Long Island, Staten Island, voneinander getrennt durch zwei große Wasserstraßen, den Hudson River, der Manhattan nach Westen hin vom amerikanischen Festland und dem Nachbarstaat New Jersey trennt, und den East River, der eigentlich ja kein Fluss ist, sondern eine lange, schmale Bucht, verbunden mit dem Long Island Sound: Diese Geografie prädestiniert die Stadt geradezu zu einer Hafenstadt, und im ersten Jahrhundert der Unabhängigkeit wucherten New Yorks Stadtteile völlig ungehindert, denn die freie Uferlinie und damit überall verfügbarer Wasserzugang sicherte den neu entstehenden Vierteln den Nachschub, den sie zum Wachsen brauchten.

Schon in den ersten Jahrzehnten des 19. Jahrhunderts übertraf die Zuwanderung nach New York alle Schätzungen der Behörden. 1811 beschloss die Stadt, die Insel Manhattan mit einem rasterförmigen Straßennetz zu überziehen, nachdem wiederholt der Wildwuchs der Häuser von einem Feuer vernichtet worden war, und als 1824 der Eriekanal eröffnet wurde, der New York mit den Großen Seen und damit auch mit dem Mittleren Westen der USA verband, war der Rang als wichtigster Hafen der amerikanischen Ostküste besiegelt.

Wie der Strahlenkranz der Freiheitsstatue umkränzten seit der Mitte des 19. Jahrhunderts die Piers Manhattans Kontur. Die wichtigste von ihnen war für lange Zeit die von Clinton Castle an der Südspitze der Insel. Hier landeten seit 1855 die Einwanderer an, allen voran die Deutschen, die lange Zeit die größte Gruppe waren. Bis dahin hatten sich die Neuankömmlinge aus Deutschland, wegen ihres guten Rufes kaum behelligt von Behörden, an den Piers der Lower East Side ausgeschifft und Quartier bezogen rund um den heutigen Tompkins Square Park, in »Deutschländle«, wie es unter ihnen wegen der vielen Schwaben nur hieß; in jenen Jahren war es die größte deutsche Gemeinde außerhalb Europas. Die ersten Gesetze zur Regelung der Einwanderung gab es 1875, aber Deutsche blieben davon weitgehend verschont. Ihren Rang als größte ethnische Gruppe in New York am Ende des 19. Jahrhunderts verloren sie schlagartig 1904, mit der Katastrophe der »General Slocum«: dem Brand eines Ausflugsdampfers auf dem East River, bei dem mehr als 1000 Menschen, fast ausschließlich Angehörige der deutschen Gemeinschaft, ums Leben kamen. Beinahe jede deutsche Familie verlor Mitglieder, ihr Schmerz bewog viele, von New York fortzuziehen. In der Folge löste sich Kleindeutschland an der Lower East Side auf. Noch heute geben 43 Millionen Amerikaner, also jeder sechste, an, deutsche Vorfahren zu haben.

Die Bedeutung des New Yorker Hafens war seit der zweiten Hälfte des 19. Jahrhunderts im Wesentlichen bestimmt von den Einwanderungswellen, die die junge Nation überrollten. In den acht Dekaden von 1850 bis 1930, der großen Ära der Einwanderung in die USA, immigrierten fünf Millionen Deutsche, zwischen 1875 und 1919 drei Millionen Österreicher, von 1860 bis 1920 230 000 Menschen, die aus der Schweiz, damals eines der ärmsten Länder Europas, in eine bessere Zukunft flohen. Im gleichen Zeitraum kamen eine Million Frankokanadier nach New York, und allein in den Jahren von 1910 bis 1920 zwei Millionen Italiener.

Die Wellen waren maßgeblich bestimmt von den großen historischen Ereignissen: die Hungersnot in Irland nach 1845, die gescheiterte Märzrevolution in Deutschland 1848 (die den deutschen Einwanderern jener Jahre den lange währenden, durchaus ehrenvollen Spitznamen »Forty-Eighters« eintrug), der Goldrausch in Kalifornien seit 1848, der Amerikanische Bürgerkrieg ab 1861, die Pogrome gegen Juden in Russland seit 1880 oder der Beginn des Ersten Weltkriegs 1914. Und alle kamen sie über New York.

Die gewaltigen Menschenströme machten Ende des 19. Jahrhunderts eine größere Sammelstelle außerhalb der Stadt nötig. Schärfere Immigrationsgesetze und die daraus resultierende gründlichere Überprüfung führten dazu, dass man Ellis Island auswählte. Von hier konnten Einwanderer nicht heimlich in der Stadt untertauchen. Hier waren sie aber auch besser vor den fremdenfeindlichen Übergriffen, sogar Morden, geschützt, die es immer häufiger gab. Die »Nativisten« stellten sich an die Spitze einer Bewegung, die vor »Überfremdung« warnte und eine rigorose Beschränkung der Zuwanderung forderte.

Ellis Island, ein aufgegebenes Munitionsdepot, wurde seit 1892 ausgebaut zum zentralen Aufnahmepunkt. 500 000 sollten hier alljährlich einreisen können, aber in manchen Jahren waren es doppelt so viele. Hier legten die Einwandererschiffe aus Europa an, die bei starkem Andrang zuvor oft eine Woche auf Reede gelegen hatten. Es gab Tage, an denen 12 000 Menschen abgefertigt wurden. Erst mit Einführung einer Quotenregelung endete das tägliche Gedränge in den Hallen auf Ellis Island, und 1932 war die Zahl der Abgewiesenen zum ersten Mal größer als die der Zugelassenen. 1954 schloss Ellis Island seine Pforten und verfiel. Heute ist es ein Museum, viel besucht vor allem von Amerikanern. Beinahe jeder Zweite sagt heute, dass seine Vorfahren über Ellis Island ins Land kamen.

Die schönste Blüte erlebte der Hafen während der 1920er Jahre. Für dieses Jahrzehnt schien der Hafen New Yorks endlich nicht mehr der Schauplatz eines millionenfachen Einwandererdramas, sondern vielmehr die Bühne einer heiteren Welt, optimistischer als je zuvor, gefeiert und umjubelt. Die größten und schönsten Schiffe machten hier Station, Zeppeline und Flugboote präsentierten sich über dem Hafen, und die Rekordfahrten der luxuriösen Transatlantikliner hatten hier ihren Start oder ihr Ziel.

Der gewaltige Anstieg der Produktion von Konsumgütern in jenen Jahren der zweiten industriellen Revolution formte das Gesicht der modernen USA wie kaum eine andere Ära davor und danach. Und die Traumbilder des ungezügelten Kapitalismus, der allen Menschen Wohlstand und Sorglosigkeit versprach, spiegelten sich auch im Hafen wider. In den Lagern und Produktionshallen entlang den Ufern von Hudson und East River spielte sich wesentlich das einzigartige Wirtschaftswunder jener goldenen Zeit, der »Roaring Twenties«, ab.

Heute ist die Bedeutung des New Yorker Hafens nicht mehr führend. Mit dem beständigen Niedergang der Industrie nach dem Ende des Zweiten Weltkriegs und der an ihrer Stelle entstandenen Rolle New Yorks als Dienstleistungs- und Finanzzentrum hat der Hafen die Führung an Konkurrenten im Süden wie Houston oder New Orleans abgegeben, selbst in den Top Ten der größten Containerhäfen ist New York nicht mehr zu finden.

Aber noch immer ist der Hafen ein wichtiger Wirtschaftsfaktor, ein Unternehmen, das alljährlich Milliarden-Dollar-Gewinne macht. Sie fließen allein auf die Konten einer allmächtigen Organisation, deren Leitung sich New York und New Jersey als Anrainer des Hafens teilen: die Hafenbehörde Port Authority. Ihre Macht und ihr Einfluss ist mit europäischen Maßstäben kaum zu messen. Nicht nur obliegen ihr alle Angelegenheiten der insgesamt vier Häfen in der Upper Bay im Umkreis von 40 Kilometern rund um die Freiheitsstatue, sie ist auch Eigentümerin und Verwalterin beinahe sämtlicher wichtiger Infrastruktur in New York: alle Brücken und Tunnel von New York, alle Flughäfen, von JFK bis zum Heliport in Downtown, dazu Busterminals, das PATH-U-Bahn-System, das New York mit dem Umland verbindet, Teile des New Yorker Eisenbahnnetzes, ihr gehören Telekommunikationszentren, sie verfügt über eine eigene Polizei samt Kriminalpolizei, und nicht zuletzt ist sie Eigentümerin unzähliger Liegenschaften. Die berühmteste von ihnen ist »Ground Zero«, jener Ort in Downtown, an dem bis zu dem phrenetischen Anschlag des 11. Septembers 2001 die Zwillingstürme des World Trade Center standen und wo in diesen Tagen das neue World Trade Center emporwächst, größer und eindrucksvoller als zuvor.

Heute ist die Stadt am Meer dabei, sich dem Meer wieder zu öffnen. Ein neuer Umgang mit dem »Blue Space« ist zu spüren, Bürgerinitiativen revitalisieren Uferzonen, allenthalben entstehen Parks und originelle Wohnquartiere, wo 200 Jahre lang Industriehallen, Lagerhäuser, Werften den Blick aufs Wasser verstellten. Für lange Zeit hatte New York dem Meer den Rücken zugekehrt; sein Blick darauf ist historisch geworden. Womöglich hatte es seinen Bewohnern geholfen, die zeitraubende geistige Übung, die besinnliche Zerstreuung, die sein Anblick unweigerlich mit sich bringt, zu meiden und sich stattdessen mit Eifer auf die Verfolgung ihres amerikanischen Traumes zu konzentrieren. Jetzt, nach allen Rückschlägen und Irrwegen und an der Schwelle zu einem neuen Amerika, scheint die Zeit günstig für einen freieren Blick auf die Welt. *Karl Spurzem*

PAOLO PELLEGRIN

MetLife

Do not hold doors

DUANE reade

GOODMAN

201

ONE WAY
548
GATE
3G

HEREAFTER
OCTOBER 22
IKEA
COURT ST
SOUTHBOUND

W BROADWAY
A C
2 3
Walk one block up make right
on Barclay St to Church St
E
One block
to Church St

WELCOME TO
Fulton Houses
Property of
New York City
Housing Authority

FerryAds.com

U REWOR
VS.BRADLEY
LIVE! SAT. JAN. 29
ONLY ON
HBO

Subw

helye.)
Az utlevél
cképe.
femme

# PAOLO PELLEGRIN

Paolo Pellegrin, geboren 1964 in Rom, gehört zu den führenden Reportagefotografen unserer Zeit. Bekannt wurde er mit seinen Kriegsbildern aus Kosovo, Darfur und Libanon, die er als »Aufzeichnungen für das kollektive Gedächtnis« auffasst.

Pellegrin fotografierte zehn Jahre für die Agentur VU, ehe er 2001 zum Mitglied der legendären Agentur Magnum nominiert wurde; 2005 wurde er deren Vollmitglied. Seit Jahren arbeitet er als Vertragsfotograf für das New Yorker Nachrichtenmagazin »Newsweek«. Pellegrin wurde mit vielen Preisen ausgezeichnet, darunter World Press Photo, Photographer of the Year, Leica Medal Of Excellence, Hansel-Mieth-Preis und Robert Capa Gold Medal Award. 2006 erhielt er das W.-Eugene-Smith-Stipendium für Humanistische Fotografie. Bisher veröffentlichte er vier Bücher. Gemeinsam mit Thomas Dworzak, Alex Majoli und Ilkka Uimonen gründete er die Ausstellungsreihe »Off Broadway«.

Pellegrin lebt in New York und Rom.

STEFAN PIELOW

DIANA MATTISON

*Professionelle Surferin, Philosophin und Surflehrerin. Fährt einen 1975er BMW und ist besessen von der britischen Rockband Joy Division. Arbeitet als DJane in verschiedenen Goth-Clubs. Fotografiert an der Marcy Avenue, Williamsburg*

In ihrem Blog vom 7. Juni 2010 schreibt sie: »Wir waren an der Location für das Shooting mit dem deutschen Fotografen Stefan Pielow, der gemeinsam mit einem anderen Fotografen ein Buch über New York und New Yorker, die mit dem Meer zu tun haben, macht. Stefan wollte keinen ›Surfer am Strand‹, das war ihm zu langweilig. Er wünschte sich urbanes Surf-Feeling. Ich finde, das ist ihm gut gelungen. Mit meinem langen Board mähte ich jedes Mal einen Haufen chassidischer und orthodoxer Typen um, wenn ich mich beim Shooting mal umdrehte. Ob sie die Fotos nehmen oder nicht – ich hatte meinen Spaß. Ich fühlte mich dabei so unglaublich newyorkerisch. Momente, in denen man sich zwicken muss. Eigentlich trage ich ›mein‹ Outfit: eine Baumwollbluse, meine Denim-G-Stars, braune Oxforder ohne Socken, Krawatte und einen Vintage-Blazer von Pierre Cardin, ein Schnäppchen bei Static auf der Haight in Queens (Japaner wissen eben, was Vintage ist). Manchmal ziehe ich eine dunklere Ästhetik vor, aber fürs Shooting brauchte ich etwas Helleres, sonst wäre ich im Schatten untergegangen. Das Board, das ich unterm Arm habe, ist ein 5'9" Channel Islands Ksmall – ohne Rocker und mit transparenten Finnen. Genial. Macht alles mit von kniehohem Kabbelwasser bis zwei Meter hohen Rampen. Wie das alles kam? Die Leute vom Mollusk Surf Shop riefen mich aus heiterem Himmel an und verbanden mich mit Stefan.
Später bekam ich eine Mail von ihm. ›Zieh ein Joy-Division-T-Shirt an und bring den frisierten BMW mit.‹ Ich hab tatsächlich das T-Shirt beim ersten Treffen angehabt. Aber es war zu dunkel für die Location. Alles in allem eine coole Zeit.«

FOOD
OPEN
ATM

9
7
6
3
2

JORGE GÓMEZ, JUAN IDROVO, JUAN GUZMÁN, CARLOS TORRES, JUAN RODRÍGUEZ

*Schiffbauer, fotografiert im Trockendock 1 der Brooklyn Navy Yard*

Die Arbeiter, allesamt mexikanischer und puertoricanischer Abstammung, sind hauptsächlich mit Sandstrahlarbeiten auf der Reparaturwerft beschäftigt.

ARMANDO CORDOVA

*Chefingenieur der Roosevelt Island Tramway, fotografiert über dem East River*

Armando Cordova war früher als Ingenieur auf einem Bananenfrachter unterwegs und kennt aus dieser Zeit auch Häfen wie Bremerhaven. Heute verantwortet er den Betrieb der Luftseilbahn. Die Roosevelt Island Tramway verbindet Roosevelt Island mit Manhattan. Sie ist nur eine von zwei öffentlichen Luftseilbahnen in ganz Nordamerika. Das populäre Verkehrsmittel ist die Kulisse für eine Reihe von Hollywood-Film- und -Fernsehproduktionen.

ROOSEVELT ISLAND

ERIKA HOKE

*Projektleiterin an der Baustelle des One World Trade Center, Teilnehmerin am Brooklyn-Bridge-Volksschwimmen, fotografiert im Brooklyn Bridge Park*

»Schon als Kind war ich begeisterte Schwimmerin. Später, auf dem College, schwamm ich Rekorde und war Teamchefin. 2003 machte ich meinen Abschluss als Ingenieurin und zog in meine Lieblingsstadt New York City. Das alljährliche Brooklyn-Bridge-Schwimmen verbindet also meine beiden großen Leidenschaften.«

SABATO »SAL« CATUCCI

*Geschäftsführer von American Stevedoring, fotografiert in seinem Büro im Containerhafen Brooklyn*

Im Grunde ist Sal ein waschechter Cowboy mit Lederstiefeln, Halskette und gebügeltem Oberhemd. Die vielen holzgerahmten Fotos in seinem Büro zeigen Sal zusammen mit einflussreichen Amerikanern, darunter George W. Bush. Besonders stolz ist er auf seine mit Red Bull und Beck's gefüllten Lagerhallen.

GREENLAND
NORTH

HOTEL
DOWN

DR. LUCKY

*Burlesque-Artistin und Hochschullehrerin, fotografiert hinter dem Slideshow Theater, Coney Island Beach*

Dr. Lucky ist eine gefragte Varietédarstellerin, die seit 2005 an der New York University die Geschichte der Amerikanischen Burlesque lehrt. In ihrer Freizeit bringt sie ihre »surrealistischen Burlesquen« auf Bühnen, vorzugsweise in Strandnähe, bei der Veranstaltungsreihe Coney Island Burlesque At The Beach.

ANNIE NOVAK

*Mitbegründerin von »Rooftop Farms«, fotografiert in Brooklyn*

»Ich habe schon immer die Natur geliebt. Ich wollte Astronautin werden oder zur See fahren. Du fährst in einem Boot auf dem Wasser, und du hast das Gefühl, Kontrolle auszuüben. Aber es ist eine falsche Vorstellung von Kontrolle. Dein Wissen vom Meer hat seine Grenzen – du glaubst, du übst Kontrolle aus, aber das trügt. Der Ozean ist stärker als du. Genauso wie das Land. Du pflanzt die Setzlinge, aber unter der Oberfläche kannst du nichts kontrollieren. Meine Liebe begann mit den Pflanzen; jetzt liebe ich Saat und schmutzige Erde.«

CHRIS VAN NES

*Kapitän und Schiffsmechaniker, fotografiert auf der »Clipper City«*

Der Kapitän von Großseglern stammt aus einer Seemannsfamilie, die ihren Zögling früh auf die Seefahrt vorbereitete. Über die Jahre war er Kapitän auf einer Reihe bedeutender Segelschiffe. Heute unternimmt der dreimalige Sieger des Wettbewerbs »Bester Geschichtenerzähler im New Yorker Hafen« Rundfahrten mit dem Schoner »Clipper City«.

ÉMÉLINE MICHEL

*Musikerin, fotografiert in Williamsburg*

Éméline Michel gehört zu den herausragenden Musikerinnen Haitis. Nach Jahren in Frankreich und Kanada ist die in dem haitianischen Hafen Gonaïves Geborene in New York heimisch geworden. In den Musiken ihrer Heimat, Compas, Twoubadou und Rara, spielt das Meer traditionell eine führende Rolle.

NICOLE ROMANO

*Schmuckdesignerin, fotografiert am Strand auf Staten Island*

»Meine ganze Kreativität ist angetrieben von meiner intensiven Bindung an das Meer. Hier bin ich aufgewachsen, hier finde ich Kraft und Frieden. Meine aktuelle Kollektion ist inspiriert von dem gesunkenen Schiff ›Atocha‹, und nach ihm habe ich sie auch benannt.«

JOANNA PESSA, KRISTIN MULYK

*Ranger des National Park Service, fotografiert auf Liberty Island*

Joanna Pessa und Kristin Mulyk gehören zu dem Team von Mitarbeitern der Nationalparkverwaltung, das zuständig ist für Wartung und Betrieb der Flaggenanlage zu Füßen der Freiheitsstatue auf Liberty Island.

# KRISTIN OLNESS

*Trapezkünstlerin und Hochseilartistin, fotografiert am Hudson River Park*

Kristin Olness tritt seit Ende der 1990er Jahre regelmäßig in Broadway-Bühnenshows und Zirkussen als Trapezkünstlerin auf. Sie ist Gründungsmitglied der Artistiktruppe Suspended Cirque und lehrt an der Trapezschule New York. Ihr ständiger Trainingsort liegt hoch über dem Pier 40 am Hudson River.

ALICE HOUSEKNECHT

*Hotelbesitzerin, fotografiert in einem Zimmer ihres Hotels in Montauk, Long Island*

Alice Houseknecht ist die Besitzerin des »East Deck« aus den 1950er Jahren. Ihr Vater, Mitbegründer des Hotels, musste erleben, wie in dem Sturm des Jahres 1957 die Bungalows des Hotels buchstäblich weggeweht wurden. Merkwürdigerweise waren die meisten von ihnen intakt geblieben. Er packte die Bungalows auf einen Tieflader und fuhr sie zurück an ihren angestammten Platz. Mit der gewachsenen Popularität Montauks als Wochenendziel und Sommerfrische der New Yorker ist auch das Hotel später wesentlich erweitert worden.

MOATAZ GHONEM, REGJEP KODRA, DAMIAN WALKER

*Matrosen der US Navy, fotografiert auf der Brooklyn Bridge*

Die New Yorker Behörden gestatten Fotoshootings mit Stativ und Lampen auf der Brooklyn Bridge ausschließlich in der Zeit von 10 bis 15 Uhr – und berechnen dafür eine saftige Gebühr je angefangene Stunde. Matrosen auf der Brooklyn Bridge gehören in den Sonnenuntergang, fand der Fotograf. Also musste der Assistent den schweren Studioblitz dauernd stemmen. Es dauerte nicht lange, bis die ersten Touristinnen um ein Foto mit den Matrosen baten.

SUSAN BREITENBACH

*Senior Vice President einer Immobilienfirma in den Hamptons, fotografiert auf ihrem eigenen Anwesen auf Long Island*

Susan Breitenbach will ihr Haus mit Blick auf die Little Peconic Bay in den Hamptons für 15 Millionen Dollar verkaufen. Im Esszimmer der Villa hängt ein übergroßer venezianischer Leuchter über einer langen Eichentafel – für die Installation musste eigens ein Stahlträger in die Decke eingelassen werden.

SALATIEL »SAL« GARCIA

*Schiffsingenieur, fotografiert auf dem Schlepper »Murania III«*

Sal Garcia arbeitet auf Schleppern der Reederei McAllister im New Yorker Hafen. Hier sitzt er in der Kombüse eines Schleppers und begutachtet Maschinenölproben, die regelmäßig ins Labor gegeben werden müssen.

TUMS

JAMES UND JIM JOHNSON

*Fotografiert an der Bayfield Avenue, Queens*

Großvater James Johnson geht mit seinem Enkel Jim regelmäßig zum Fischen. Einer ihrer bevorzugten Plätze ist die Bayfield Avenue in Queens. Hier, an den vermüllten Ufern des Marschlands der Jamaica Bay, ist es meist menschenleer. Nur wenige werfen hier ihre Angeln aus. Am Horizont gegenüber hört und sieht man den Flughafen John F. Kennedy.

PERI ALLEN, JESSICA BELLOFATTO, GINA BRADLEY

*Fotografiert am Strand von Louse Point, Long Island*

Gina Bradley (rechts) ist die »Paddle Diva«. In ihrer Schule für Stand-Up Paddle Boarding in den East Hamptons unterrichtet sie Peri Allen und Jessica Bellofatto im Stehpaddeln. Der Sport hat seinen Ursprung vor Jahrtausenden auf Hawaii. Bekannt wurde er in den frühen 1960er Jahren mit den Beachboys von Waikiki, die auf ihren Longboards hinauspaddelten, um Touristen zu fotografieren, die Surfen lernten. Bislang ist Stehpaddeln nur an Pazifikküsten verbreitet, findet aber inzwischen auch in deutschen Binnengewässern Anhänger, wie etwa auf der Hamburger Außenalster.

Wome
Padd
instructi
516
www.p

PICASSO

PERCY R. PYNE IV.

*Immobilien- und Reedereiunternehmer, fotografiert in seiner Villa in Midtown*

Percy R. Pyne entstammt einer New Yorker Bankiersdynastie; sein Großvater war Gründer der First National City Bank of New York. Das ursprüngliche Immobilienunternehmen erweiterte Pyne vor einer Dekade um eine Schifffahrtsabteilung. Gegenwärtig vergrößert er seine Flotte von Containerfrachtern, die auf Kurzstrecken die amerikanische Ostküste befahren.

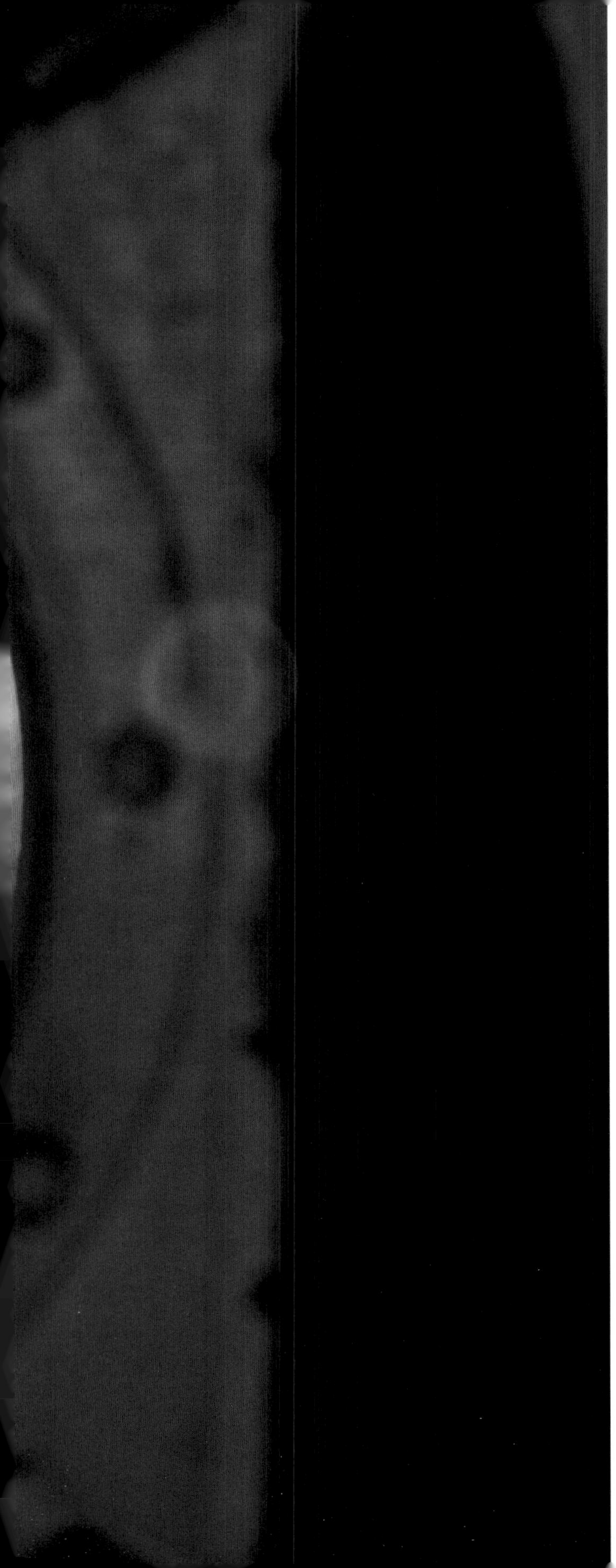

CAROLINA SALGUERO

*Gründerin und Direktorin von »Portside New York«, fotografiert auf dem Öltanker »Mary Whalen«, Brooklyn*

Carolina Salguero entstammt einer maritimen Familie. Ihr Onkel betreibt eine Werft, ihr Bruder ist Schiffsdesigner in Seattle. Carolina Salguero arbeitete nach ihrem Studium zunächst als Journalistin. Sie berichtete vom Berliner Mauerfall ebenso wie von »9/11« und dokumentierte die Geschichte der New Yorker Hafenschlepper. Als Gründerin der gemeinnützigen Organisation »Portside New York« fördert sie die Wiederbelebung des New Yorker Hafens und seine Nutzung als Lebens- und Arbeitsraum. »Portside New York« konzipiert eine nachhaltige Uferbebauung, die den Hafen integriert, entwickelt neue Verkehrswege zu Wasser und bietet Informationsveranstaltungen zum Thema Hafennutzung an. Das Büro der Organisation ist der ehemalige Öltanker »Mary Whale«, dessen Restaurierung Carolina Salguero organisierte.

Queen Mary 2
CU

FRITZ STERN

*Historiker und Publizist, fotografiert am Manhattan Cruise Terminal*

Fritz Stern wurde 1926 als Sohn einer deutsch-jüdischen Familie in Breslau geboren und emigrierte 1938 in die USA. Er gilt als bedeutendster amerikanischer Historiker jüngerer deutscher Geschichte. 1990 überzeugte er die britische Premierministerin Margaret Thatcher, dass von einem wiedervereinigten Deutschland keine Gefahr für den Frieden ausgehe. Stern bevorzugt stets das Schiff für seine Transatlantikreisen. Einzig möglicher Termin für ein Porträt war der Tag seiner Abreise von New York nach Europa mit der »Queen Mary 2«. Es war unmöglich, im Trubel der Einschiffung an Pier 90 einen ruhigen Platz zu finden. Die Lösung war die stillgelegte Pier 92 gegenüber, von der aus man eine gute Sicht auf die »Queen Mary 2« hatte.

RAYMOND CHU, ALEXANDRA BAILEY, MIA LEGG, JESSICA SMITH

*Fotografiert auf der Coney Island Pier, Brooklyn*

Die Clique trifft sich regelmäßig am Strand zu Gesprächen. Raymond Chu ist Inhaber einer Filmproduktionsfirma, für die er schreibt und produziert. Alexandra Bailey studiert im letzten Semester Schauspiel an der New York University. Mia Legg studierte Journalismus und Politik an der New York University und arbeitet als Surfjournalistin und Surferin. Jessica Smith ist mit 20 Jahren die Jüngste der vier. Auch sie studiert Schauspiel an der New York University. Ihr Motto: »Du bist der Held deines eigenen Lebens. Und du bist supercool. Vergiss das nicht.«

BILLIE GLORIA

*Verwaltungsangestellte, Baptistin, fotografiert am Strand von Rockaway Beach, Queens*

Jedes Jahr trifft sie sich gemeinsam mit anderen Mitgliedern der Saint Paul Community Baptist Church of East New York zu einem Sonnenaufgangsgottesdienst am Strand von Rockaway Beach. Hier gedenken sie der Millionen afrikanischer Sklaven, die auf ihrem Weg nach Nord- und Lateinamerika und in die Karibik auf See umkamen.

NINA FRY

*Schauspielerin und Barkeeperin, fotografiert in der »Sugar Lounge«, Brooklyn*

Die Bar »Sugar Lounge«, in der Nina jobbt, liegt in unmittelbarer Nähe zum Containerhafen. Freddy, der Besitzer der Bar, ist Franzose und an der Küste der Normandie aufgewachsen – ein Liebhaber französischen Weins, den er hier ausschenkt. Nina ist eine Engländerin aus London. Sie spielte dort als Kind eine Hauptrolle in einer Fernsehserie. Heute versucht sie sich als Schauspielerin in New York.

OMAR HERRERA

*Rettungsschwimmer, fotografiert am Coney Island Beach, Brooklyn*

»Ich wurde in Long Beach in Kalifornien geboren, aufgewachsen bin ich aber in New York. Seit sieben Jahren bin ich jetzt Rettungsschwimmer, und das ist der beste Job, den ich je hatte. Mein Beruf hat mich zu einem verantwortungsbewussten Mann gemacht, und ich bin an der Aufgabe gewachsen. Jetzt denke ich darüber nach, zur Küstenwache zu gehen.«

SILVERMAN

*Künstler, Erfinder, Lehrer, Denker aus Staten Island, fotografiert auf der Staten-Island-Fähre*

Anweisung von Silverman vor dem Fotoshooting: »Ich stehe immer in einer Rolle auf der Staten-Island-Fähre. Also ist es wichtig, dass wir vorher über unsere gemeinsame Arbeit sprechen! Wenn ich erst einmal geschminkt und in meiner Rolle bin, spreche ich mit niemandem mehr. Ich glaube an das Versprechen und die Chance, die in jedem Augenblick liegen. Dieser eine Moment hat die Macht, das Leben zu verändern. Tausende solcher Momente mit anderen haben mich diese Lektion gelehrt. Die größte Wirkung aber haben Liebe und Verlust. Mein Fahrwasser liegt zwischen diesen beiden Bojen.«

Während des Shootings in der morgendlichen Rushhour brachte Silverman sämtliche Passagiere auf der Fähre zum Lachen.

ROBERT »TOSHI« CHAN, FREUNDIN CHA, HUND PONZO

*Schauspieler und Unternehmer, fotografiert in Greenpoint, Brooklyn*

»Toshi« Chan spielte unter anderem 2006 in dem Thriller »Departed« an der Seite von Matt Damon und Jack Nicholson einen Gangsterboss. Seit 2001 arbeitet er neben dem Schauspielen als Immobilienbroker und Veranstalter von »Toshi-Partys«. Er vermietet Apartments in Brooklyn und Manhattan, und 2010 eröffnete er sein erstes Hotel. »Toshi« sammelt Oldtimer und »Musclecars«. Er verbringt jede freie Minute mit seiner Freundin Cha und seinem Hund Ponzo am Meer.

CALIFORNIA
SKB 989

SCOTT L. STACKMAN

*Finanzberater und Freizeitsportler, fotografiert im Containerhafen Brooklyn*

Scott L. Stackman arbeitet als Berater in der New Yorker Niederlassung einer Schweizer Großbank. Seine Leidenschaft gilt jedoch dem Sport. »Ich glaube, dass der Sport uns dabei hilft, unsere Persönlichkeit zu formen, und dass die Disziplin, die wir dabei lernen, unser Familienleben und unsere Karriere trägt. Ich bin Gründer der Heroes Heart and Hope Gala in New York, einer Veranstaltung, die Spenden zugunsten der Behindertensportorganisation Challenged Athletes Foundation sammelt.«

TATIANA PAJKOVIC

*Model, Sängerin, Musikerin, fotografiert in Brooklyn*

Die gebürtige Dänin Tatiana Pajkovic wohnt im obersten Stockwerk einer ehemaligen Spaghettifabrik in Williamsburg – mit Zugang aufs Dach, von dem es einen einzigartigen Ausblick auf Manhattan gibt.

# STEFAN PIELOW

»Mit dem Fahrrad unterwegs von Brooklyn nach Manhattan … mal ins Gegenlicht, mal mit der Sonne. Auf der Brücke Meeresluft schnuppern, eine frische Brise, ehe man wieder im stickigen Stau steht. An der Skyline von Manhattan kann ich mich nicht sattsehen, die Silhouette, im Abendlicht, bei Nacht … Aber wohnen und leben will ich lieber auf der anderen Seite, wo das wahre Leben spielt, wo die Szene tobt, in sicherem Abstand zum teuren und artifiziellen Manhattan.

Neben meiner Vorfreude hatte ich auch Respekt vor dem Thema New York, der Stadt, die schon so oft und so gut fotografiert wurde. Aber die meisten New-York-Bildbände zeigen Architektur, und kaum ein Buch lässt 9/11 aus. Porträts findet man selten – die Menschen werden meist anonym, beiläufig, in der alltäglichen Hast gezeigt. Auf der Suche nach den Protagonisten unseres Projekts stellten wir bald fest, dass der New Yorker wenig Zeit hat; spontane Verabredungen sind undenkbar. Mehrmals wurden Shootings abgesagt, verschoben, Locations mussten neu angefragt werden und immer wieder Genehmigungen. Der New Yorker ist foto- und filmverdorben. Jeder hier, so scheint es, wurde mindestens einmal gecastet, gefilmt oder fotografiert, in der Regel für 500 Dollar aufwärts.«

Stefan Pielow, 1961 im Münsterland geboren und aufgewachsen, ging nach dem Abitur als freier Fotoassistent nach Hamburg. Nach dreijähriger Praxis studierte er an der Folkwangschule Essen Fotografie. Noch während des Studiums produzierte er seine ersten Reportagen für »Stern« und »Zeit-Magazin«. Später spezialisierte er sich auf das inszenierte Porträt. Als freier Mitarbeiter des »Sterns« fotografierte er Lifestylethemen und porträtierte Prominente im In- und Ausland. Für **mare** reist Pielow seit Ende der 1990er Jahre häufig an besonders exotische Orte, von den Bahamas bis zum Nordkap. Seine Vorliebe für Inszenierungen kennzeichnen auch seine Arbeit in Produktionen für internationale Magazine und Unternehmen. Seit 2002 lebt er mit seiner Frau und zwei Töchtern in Starnberg.

Stefan Pielow dankt Silke Pielow für die Organisation und Assistenz, Oliver Fiegel für die Assistenz, Mark Lechner für Location-Scouting und Requisite, Tina Ahrens und Nadja Masri für ihre Mitarbeit während der Produktion der ersten und zweiten Staffel 2010, Angelika Saint-Aignan für die Mitarbeit an der Produktion der dritten Staffel 2011 sowie Fred Blake von foto care für die großzügige Unterstützung.

*Herausgeber*
Nikolaus Gelpke

*Fotografie*
Paolo Pellegrin, Stefan Pielow

*Texte*
Karl Spurzem

*Gestaltung*
Simone Hoschack

*Bildredaktion*
Petra Kossmann

*Karte*
Peter Palm

*Produktion Stefan Pielow:*

*Organisation und Assistenz*
Silke Pielow

*Assistent*
Oliver Fiegel

*Location-Scouting und Requisite*
Mark Lechner

*Produktion 1. und 2. Staffel 2010*
Tina Ahrens und Nadja Masri

*Produktion 3. Staffel 2011*
Angelika Saint-Aignan

*Foto-Equipment*
Fred Blake

*Satz/Reproduktion/Produktion*
MDetail, Berlin

*Druck*
gutenberg beuys feindruckerei, Hannover

*Drucktechnik*
Dieses Buch wurde mit der hochpigmentierten Farbserie »NovaArt®« im 120-L/cm-Feinraster produziert.

*Bindung*
Integralis Industriebuchbinderei
Hannover/Ronnenberg

*Papier*
Zur Verwendung kam LuxoArt®Samt-New.


Pickhuben 2, 20457 Hamburg
Telefon +49 40 36 98 59 0, Fax +49 40 36 98 59 90
www.mare.de

ISBN 978-3-86648-014-8